SPANISCH
IM HANDUMDREHEN

Der Alltagswortschatz in Bildern und Sätzen.
Einfach Spanisch mitreden.

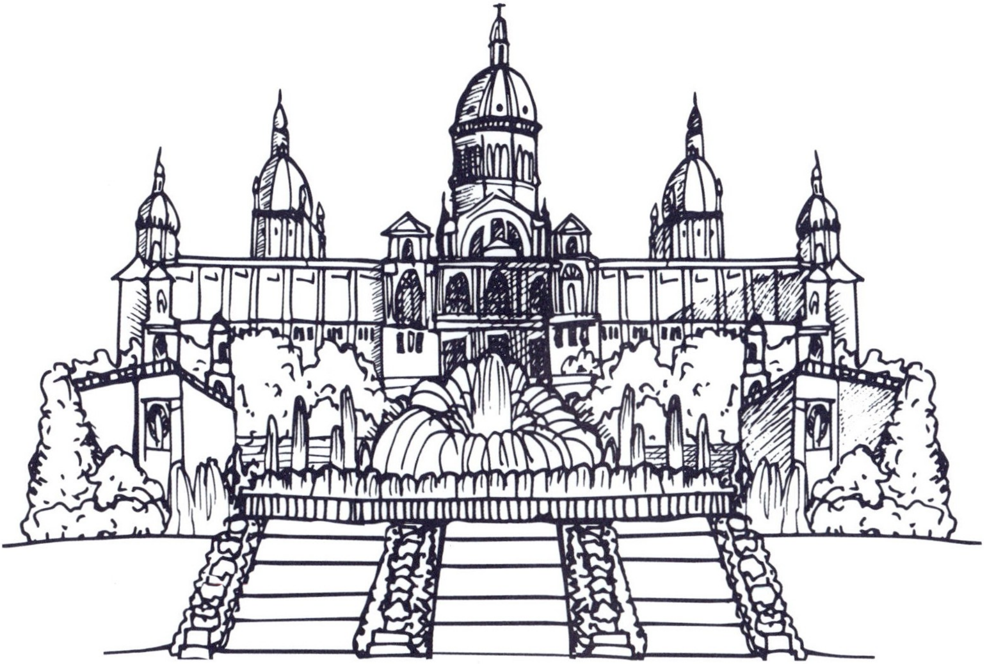

PONS Langenscheidt GmbH
Stuttgart

Vorwort

In fremde, ferne Länder zu reisen, ist eine wunderbare, herrliche Sache. Auf der Liste der schönsten Dinge für alle Menschen steht das Reisen wahrscheinlich an erster Stelle.

Doch vor jeder Reise in die Fremde steht die Hürde einer neuen Fremdsprache. Für viele Menschen scheint es unüberwindbar, sich auf das Erlernen einer neuen Fremdsprache einzulassen. Dabei ist es gar nicht so schwer eine neue Sprache zu lernen und sich damit neue Möglichkeiten zu erschließen.

Ganz egal, ob es dein Ziel ist, Urlaub im zauberhaften Spanien zu verbringen, ob du gerne mit einem Menschen aus Spanien flirten möchtest oder im richtigen Moment bemerkst, dass ein anderer mit dir flirtet (wer weiß, vielleicht verpasst du in solch einem Augenblick gerade die Gelegenheit, deinen Traumprinzen oder deine Traumprinzessin fürs Leben zu finden), oder ob du einen kompletten Neuanfang in Spanien planst, warte nicht, bis du den ersten Schritt auf diesem Weg machst.

Lass dich nicht davon abhalten, deinem Herzenswunsch zu folgen. Trau dich und triff die Entscheidung, dich der spanischen Sprache zu stellen.

Jetzt und sofort!

Sobald du deine Herzensentscheidung getroffen hast Spanisch zu lernen, steht dir dieses Buch für den ersten Schritt zur Seite. Du brauchst nach diesem Entschluss nicht sofort einen Sprachkurs zu belegen oder dich mit komplizierter Grammatik zu beschäftigen.

Alle, die schon einmal eine Sprache gelernt haben und sie gut beherrschen, wissen, dass es am wichtigsten, am allerschnellsten und am einfachsten ist, ins kalte Wasser zu springen. Wenn du erst einmal angefangen hast, läuft es wie von selbst.

Bereite dich nicht lange vor und springe, denn probieren geht über studieren.

Dieses Buch, mit seinen passenden Bildern, Illustrationen, Wortzusammenstellungen und wertvollen Sätzen hilft dir einen schnellen Einstieg zu finden. Schlage bei den ersten Sprachhürden auf deiner Reise das passende Kapitel auf und dort wirst du die wichtigsten Sätze und Begriffe finden.

Die einheitliche Farbgebung der Wörter und Lautschriftzeichen erleichtert die Zuordnung von Wort und Lautschrift und damit das Erlernen der Fremdsprache. Die Erklärung zu den verwendeten Farben findest du auf der Innenseite des hinteren Buchumschlags.

Wenn es mit der Aussprache noch nicht hundertprozentig klappt, kannst du mit dem Zeigefinger auf das Bild oder den danebenstehenden Satz tippen und dich sofort verständlich machen. So einfach und so schnell ist es, denn dieses Buch heißt:

Spanisch im Handumdrehen.

Inhalt

Alltagssätze, Alltagsschätze	6
Am Flughafen	16
Die Unterkunft	22
(Im Schlafzimmer, Im Badezimmer,	
Im Wohnzimmer, In der Küche)	
Ausflüge (In der Stadt und außerhalb)	34
Ausflüge mit dem Zug	36
Ausflüge mit dem Bus und mit der Straßenbahn	42
Auf eigene Faust unterwegs mit dem Auto,	45
Motorrad, Fahrrad und zu Fuß	
Sehenswürdigkeiten	48
Essen	54
Getränke	70
Im Restaurant	79
Einkaufsmöglichkeiten	92
Die Farben	100
Die Zahlen	102
Die Zeit und das Wetter	108
Der Körper und die Gesundheit	123
Tätigkeiten des Alltags	130
Notfälle	136
Was sagen uns die Schilder?	140
Gefühlsausbrüche	144
Slang	150
Komplimente	154
Romantisches	156
Land und Leute	158

Alltagssätze, Alltagsschätze

Frases cotidianas, frases útiles
[ˈfrases kotiˈðĭanas ˈfrases ˈutiles]

Begrüßung
Saludos [saˈluðos]

¡Buenos días!

[ˈbŭenos ˈdiːas]

Guten Morgen!
Guten Tag!

¡Buenas tardes!

[ˈbŭenas ˈtarðes]

Guten Tag!
Guten Abend!

¡Hola!

[ˈola]

Hallo!

¿Cómo está? / ¿Cómo estás? / ¿Qué tal?

[ˈkomo esˈta / komo esˈtas / ke tal]

Wie geht's?

Estoy bien, gracias.

[esˈtɔɪ bĭen ˈgraθĭas]

Gut, danke.

Sí.	No.
[si]	[no]
Ja.	Nein.

Gracias.	Muchas gracias.	De nada.	Es un placer.
[ˈgraθĭas]	[ˈmutʃas ˈgraθĭas]	[de ˈnaða]	[es un plaˈθɛr]
Danke.	Vielen Dank.	Gern geschehen.	Mit Vergnügen.

Me llamo... [me ˈʎamo]	Ich heiße...
¿Cómo se llama? [ˈkomo se ˈʎama]	Wie heißen Sie?
¿Cómo te llamas? [ˈkomo te ˈʎamas]	Wie heißt du?
Mucho gusto. [ˈmutʃo ˈgusto]	Sehr erfreut.
Soy de Alemania. [sɔĭ de aleˈmanĭa]	Ich komme aus Deutschland.
No hablo español. [no ˈaβlo espaˈɲɔl]	Ich spreche kein Spanisch.
Hablo un poco de español. [aˈβlo unˈpoko de espaˈɲɔl]	Ich spreche ein bisschen Spanisch.
¿Puede hablar más despacio, por favor? [ˈpŭeðe aˈβlar mas desˈpaθĭo pɔr faˈβɔr]	Sprechen Sie bitte langsamer.
¿Cómo se llama eso en español? [ˈkomo se ˈʎama ˈeso en espaˈɲɔl]	Wie heißt das auf Spanisch?

Disculpe, ¿como llego a...?
[disˈkulpe ˈkomo ˈʎego a]

Entschuldigen Sie bitte, wie komme ich zum...?

¿Qué significa eso? [ke siɣniˈfika ˈeso]	Was bedeutet das?
¿Qué es eso? [ke es eso]	Was ist das?
¡Perdone! [pɛrˈðone]	Verzeihung!
¡Disculpe! [disˈkulpe]	Entschuldigung.
Ningún problema. [niŋˈgun proˈβlema]	Kein Problem.
No hay problema. [no aĭ proˈβlema]	Kein Problem.
Señor... [seˈɲɔr]	Herr...
Señora... [seˈɲɔra]	Frau...

Señorita... [seɲɔˈrita]	Fräulein...
¿Dónde está...? [ˈdɔnde esˈta]	Wo ist...?
Querría... [keˈrria]	Ich hätte gern...
¿Cuánto cuesta? [ˈkŭanto ˈkŭesta]	Wie viel kostet?
bien [bĭen]	gut
muy bien [mŭi bĭen]	sehr gut
Me gusta... [me ˈgusta]	Ich mag...
No me gusta. [no me ˈgusta]	Ich mag ... nicht.
¡Estupendo! [estuˈpendo]	Wunderbar!

¡Qué guay! [ke gŭaĭ]	Hervorragend!
mal [mal]	schlecht
muy mal [mŭi mal]	sehr schlecht
¡Maravilloso! [maraβi'ʎoso]	Super!
mucho ['mutʃo]	viel
no mucho [no 'mutʃo]	wenig
un poco [un 'poko]	ein bisschen
Un momento, por favor. [un mo'mento pɔr fa'βɔr]	Einen Moment, bitte.
Un instante, por favor. [un ins'tante pɔr fa'βɔr]	Einen Augenblick, bitte.

¡Hasta mañana! [ˈasta maˈɲana]	Bis Morgen!
¡Adios! [aˈðĭɔs]	Auf Wiedersehen!
¡Hasta la próxima vez! [ˈasta la ˈprɔɣsima beθ]	Bis zum nächsten Mal!
¿Quién? [kĭen]	Wer?
¿Qué? [ke]	Was?
¿Cuándo? [ˈkŭando]	Wann?
¿Por qué? [pɔr ke]	Warum?
¿Cómo? [ˈkomo]	Wie?
¿Dónde? [ˈdɔnde]	Wo?
¿Cuánto? [ˈkŭanto]	Wie viel?

¡Adios!

[aˈðĭɔs]

Auf Wiedersehen!

¡Hasta la próxima vez!

[ˈasta la ˈprɔɣsima beθ]

Bis zum nächsten Mal!

Am Flughafen
En el aeropuerto [en ɛl aeroˈpŭɛrto]

el aeropuerto
[ɛl aeroˈpŭɛrto]

der Flughafen

¿Dónde está el control de pasaportes?
[ˈdɔnde esˈta ɛl kɔnˈtrɔl de pasaˈpɔrtes]

Wo ist die Passkontrolle?

EL AVIÓN [ɛl aˈβĭɔn]

Perdone, ¿cómo se va al centro de la ciudad?
[pɛrˈðone ˈkomo se ba al ˈθentro de la θĭuˈðað]
Entschuldigung, wie kommt man ins Stadtzentrum?

Perdone, ¿cómo se va a la estación de tren?
[pɛrˈðone ˈkomo se ba a la estaˈθĭɔn de tren]
Entschuldigung, wie komme ich zum Bahnhof?

[saˈliða] Ausgang

Perdone, ¿dónde está la salida?
[pɛrˈðone ˈdɔnde esˈta la saˈliða]
Entschuldigung, wo ist der Ausgang?

Das Flugzeug

¿Dónde está la parada de autobús?
[ˈdɔnde esˈta la paˈraða de aŭtoˈβus]
Wo ist die Bushaltestelle?

¿Dónde está la parada de taxi?
[ˈdɔnde esˈta la paˈraða de ˈtaɣsi]
Wo befindet sich der Taxistand?

¿Dónde está la oficina de información turística?
[ˈdɔnde esˈta la ofiˈθina de imfɔrmaˈθĭɔn turística]
Wo ist die Touristeninformation?

¿Cómo de lejos está el centro de la ciudad?
[ˈkomo de ˈlɛxos esˈta ɛl ˈθentro de la θĭuˈðað]
Wie weit ist es bis zum Stadtzentrum?

¿Conoce un hotel económico?
[koˈnoθɛ un ɔˈtɛl ekoˈnomiko]
Kennen Sie ein preiswertes Hotel?

Por favor, lléveme a esta dirección.
[pɔr faˈβɔr ˈʎeβeme a ˈesta dirɛɣˈθĭɔn]
Fahren Sie mich bitte zu dieser Adresse.

el taxi
[ɛl ˈtaɣsi]

das Taxi

¿Cuánto cuesta el viaje?
[ˈkŭanto ˈkŭesta ɛl biˈaxe]
Was kostet die Fahrt?

¿Puedo pagar con tarjeta de crédito?
[ˈpŭeðo paˈɣar kɔn tarˈxeta de ˈkreðito]
Kann ich mit Kreditkarte bezahlen?

¿Podría avisarme cuándo tenga que bajarme?
[poˈðria aβiˈsarme ˈkŭando ˈteŋga ke baˈxarme]
Würden Sie mir bitte sagen, wann ich aussteigen muss?

Muchas gracias por su ayuda.
[ˈmutʃas ˈgraθĭas pɔr su aˈjuða]
Vielen Dank für Ihre Hilfe.

el autobús
[ɛl aŭtoˈβus]
der Bus

el tren
[ɛl tren]

der Zug

el metro
[ɛl ˈmetro]

die U-Bahn

el tranvía
[ɛl tramˈbia]

die Straßenbahn

el TAV (Tren de Alta Velocidad)
[tren de ˈalta beloθiˈðað]
der Hochgeschwindigkeitszug

el barco
[ɛl ˈbarko]
das Schiff

Die Unterkunft

El alojamiento [ɛl aloxaˈmi̯ento]

¿Tiene una habitación libre?
[ˈtjene una aβitaˈθi̯ɔn ˈliβre]

Haben Sie ein Zimmer frei?

¿Puedo ver la habitación?
[ˈpu̯eðo bɛr la aβitaˈθi̯ɔn]

Kann ich mir das Zimmer ansehen?

¿Cuánto cuesta?
[ˈku̯anto ˈku̯esta]

Wie viel kostet das?

¿Está incluido el desayuno?
[esˈta iŋkluˈido ɛl desaˈjuno]

Ist das Frühstück inbegriffen?

He reservado una habitación a nombre de…
[e rrɛsɛrˈβaðo ˈuna aβitaˈθi̯ɔn a ˈnɔmbre de]

Ich habe ein Zimmer auf den Namen… gebucht.

Aquí tiene mi pasaporte.
[aˈki ˈti̯ene mi pasaˈpɔrte]

Hier ist mein Reisepass.

¿Hay wifi en el hotel?   Gibt es WLAN im Hotel?
[aĭ ˈŭifi en ɛl ɔˈtɛl]

¿Hay una caja fuerte para los efectos personales?   Gibt es einen Safe für Wertsachen?
[aĭ ˈuna ˈkaxa ˈfŭɛrte ˈpara lɔs eˈfɛktos pɛrsoˈnales]

¿Cuando tengo que dejar la habitación?   Wann muss ich auschecken?
[ˈkŭando ˈteŋgo ke dɛˈxar la aβitaˈθĭɔn]

¿La recepción está abierta las 24 horas?   Ist die Rezeption den ganzen Tag geöffnet?
[la rreθepˈθĭɔn esˈta aˈβĭerta las beĭnti ˈkŭatro ˈoras]

Querría una habitación para...

[ke'rria 'una aβita'θĭɔn 'para]

Ich hätte gern ein Zimmer für...

una persona.
['una pɛr'sona]
eine Person.

dos personas
[dɔs pɛr'sonas]
zwei Personen.

una familia.
['una fa'milĭa]
eine Familie.

Im Schlafzimmer
En el dormitorio [en ɛl dɔrmiˈtoɾi̯o]

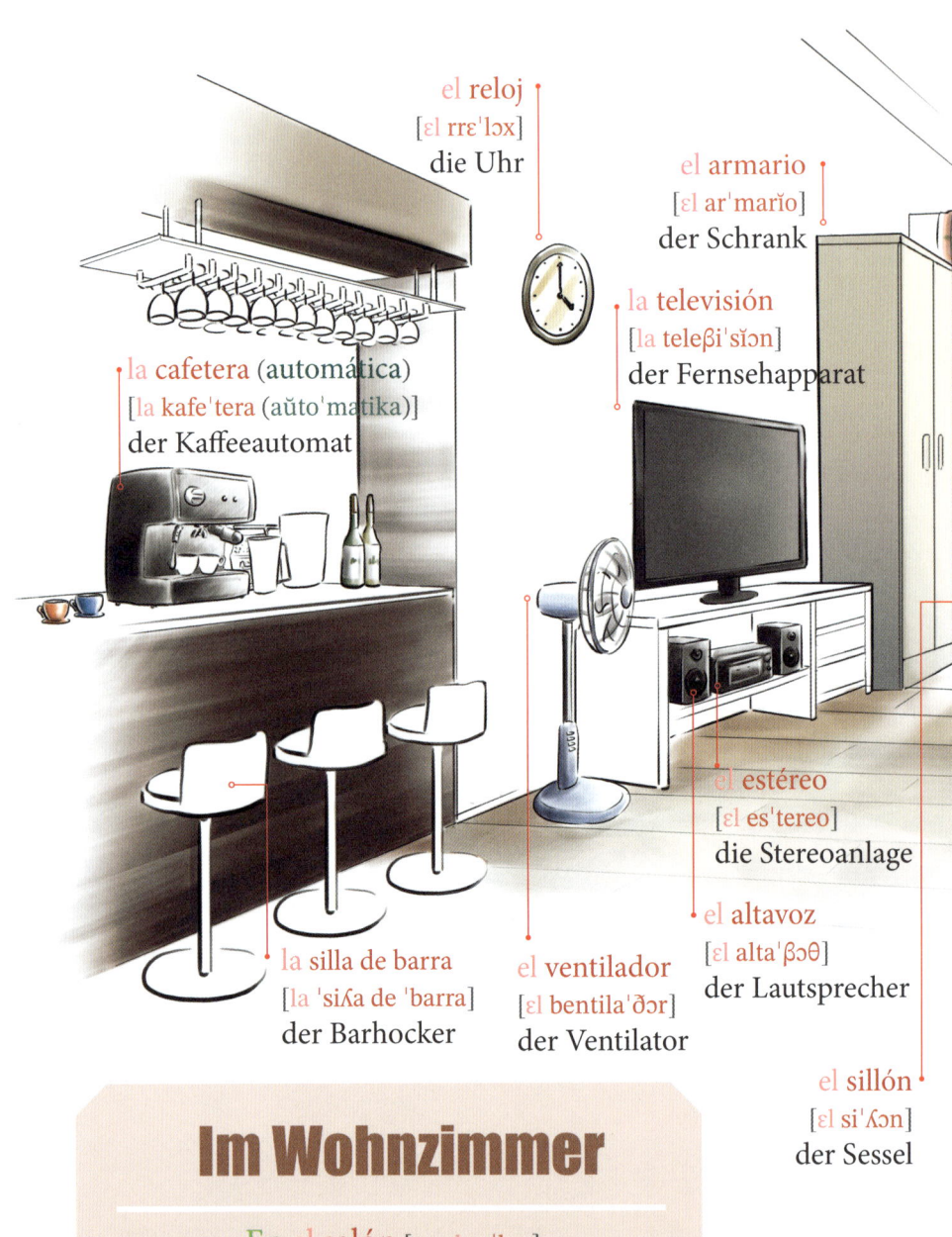

Ausflüge (in der Stadt und außerhalb)

Excursiones (en la ciudad y fuera)
[eskurˈsĭɔnes (en la θĭuˈðað i ˈfŭera)]

¿Qué lugares interesantes hay por aquí?
[ke luˈɣares intereˈsantes ai por aˈki]

Welche Sehenswürdigkeiten gibt es hier?

¿Dónde puedo probar la comida local?

[ˈdɔnde ˈpŭeðo proˈβar la koˈmiða loˈkal]

Wo kann ich regionale Spezialitäten probieren?

Ausflüge mit dem Zug

Excursiones en tren [eskurˈsi̯ɔnes en tren]

¿Dónde está la estación de tren?
[ˈdɔnde esˈta la estaˈθi̯ɔn de tren]

Wo ist der Bahnhof?

¿Dónde está la taquilla?
[ˈdɔnde esˈta la taˈkiʎa]

Wo ist der Fahrkartenschalter?

¿Cuánto cuesta el billete?
[ˈku̯anto ˈku̯esta ɛl biˈʎete]

Wie viel kostet die Fahrkarte?

Por favor, un billete
de primera clase.
[pɔr faˈβɔr un biˈʎete
de priˈmera ˈklase]

Bitte eine Fahrkarte erster Klasse.

Por favor, un billete
de segunda clase.
[pɔr faˈβɔr un ˈbiˈʎete
de seˈɣunda ˈklase]

Bitte eine Fahrkarte zweiter Klasse.

Un billete de ida, por favor.
[un biˈʎete de ˈiða pɔr faˈβɔr]

Bitte eine einfache Fahrkarte.

Un billete de ida y vuelta, por favor.   Bitte eine Rückfahrkarte.
[un biˈʎete de ˈiða i ˈbu̯ɛlta pɔr faˈβɔr]

Querría reservar un asiento.   Ich möchte gern einen Sitzplatz
[keˈrria rrɛsɛrˈβar un aˈsi̯ento]   reservieren.

¿A qué hora sale el tren?   Wann fährt der Zug ab?
[a ke ˈora ˈsale ɛl tren]

¿Cuántos transbordos   Wie oft muss ich umsteigen?
tengo que hacer?
[ˈku̯antos transˈβorðos ˈteŋgo ke aˈθɛr]

¿Cómo se llama la próxima   Wie heißt die nächste Haltestelle?
estación?
[ˈkomo se ˈʎama la ˈprɔɣsima estaˈθi̯ɔn]

¿Podría avisarme cuándo tenga   Würden Sie mir bitte sagen,
que bajarme?   wann ich aussteigen muss?
[poˈðria aβiˈsarme ˈku̯ando ˈteŋga
ke baˈxarme]

Am Bahnhof
En la estación de tren
[en la estaˈθĭɔn de tren]

la estación
[la estaˈθĭɔn]
der Bahnhof

la estación central
[la estaˈθĭɔn θenˈtral]
der Hauptbahnhof

la taquilla
[la taˈkiʎa]
der Fahrkartenschalter

el billete
[ɛl biˈʎete]
die Fahrkarte

los horarios
[los oˈrarĭos]
der Fahrplan

la llegada
[la ʎeˈɣaða]
die Ankunft

la salida
[la saˈliða]
die Abfahrt

el tren
[ɛl tren]
der Zug

el andén
[ɛl anˈden]
der Bahnsteig

el coche cama
[ɛl ˈkotʃe ˈkama]
der Schlafwagen

el tren rápido
[ɛl tren ˈrrapiðo]
der Schnellzug

un billete de primera clase
[un biˈʎete de priˈmera ˈklase]
eine Fahrkarte erster Klasse

un billete de segunda clase
[un biˈʎete de seˈɣunda ˈklase]
eine Fahrkarte zweiter Klasse

una reserva de asiento
[una rrɛˈsɛrβa de aˈsi̯ento]
eine Sitzplatzreservierung

solo ida
[ˈsolo ˈiða]
einfach

ida y vuelta
[ˈiða i ˈbu̯ɛlta]
hin und zurück

el suplemento
[ɛl supleˈmento]
der Zuschlag

subir al tren
[suˈβir al tren]
einsteigen

bajar del tren
[baˈxar dɛl tren]
aussteigen

hacer transbordo(s)
[aˈθɛr transˈβorðo(s)]
umsteigen

¿**A** qué **hora** va a salir
el tren / **el autobús** / **el metro** / **el tranvía**?

[a ke ˈora va a saˈlir

ɛl tren / ɛl aŭtoˈβus / ɛl ˈmetro / ɛl tramˈbia]

Um wie viel Uhr fährt
der Zug / der Bus / die U-Bahn / die Straßenbahn ab?

Disculpe, ¿puede ayudarme a comprar el billete en la máquina expendedora?
[disˈkulpe ˈpŭeðe ajuˈðarme a kɔmˈprar ɛl biˈʎete en la ˈmakina espendeˈðora]

Entschuldigen Sie, könnten Sie mir bitte helfen, ein Ticket an dem Automaten zu kaufen?

Quiero ir a...
[ˈkĭero ir a]

Ich möchte nach... fahren.

Ausflüge mit dem Bus und mit der Straßenbahn
Excursiones en autobús y en tranvía
[eskurˈsi̯ɔnes en au̯toˈβus i en tramˈbia]

---

el autobús   der Bus
[ɛl au̯toˈβus]

la parada de autobús   die Bushaltestelle
[la paˈraða de au̯toˈβus]

el tranvía   die Straßenbahn
[ɛl tramˈbia]

¿Dónde está la parada de tranvía?
[ˈdɔnde esˈta la paˈraða de tramˈbia]
Wo ist die Straßenbahnhaltestelle?

la parada de tranvía   die Straßenbahnhaltestelle
[la paˈraða de tramˈbia]

el billete   die Fahrkarte
[ɛl biˈʎete]

el controlador / la controladora   der Kontrolleur, die Kontrolleurin
[ɛl/la kɔntrolaˈðɔr(a)]

la multa   die Geldstrafe
[la ˈmulta]

¿Dónde está...?
[ˈdɔnde esˈta]

Wo ist ...?

¿Dónde está la parada de autobús?
[ˈdɔnde esˈta la paˈraða de aŭtoˈβus]

Wo ist die Bushaltestelle?

el semáforo
[ɛl seˈmaforo]
die Ampel

la motocicleta
[la motoθiˈkleta]
das Motorrad

la bicicleta
[la biθiˈkleta]
das Fahrrad

el coche
[ɛl ˈkotʃe]
das Auto

Auf eigene Faust unterwegs mit dem Auto, Motorrad, Fahrrad und zu Fuß

Viajar por su cuenta en coche, motocicleta, bicicleta y a pie
[bĭaˈxar pɔr su ˈkŭenta en ˈkotʃe, motoθiˈkleta, biθiˈkleta i a pĭe]

la calle [la ˈkaʎe]	die Straße
la intersección [la intɛrsɛɣˈθĭɔn]	die Kreuzung
el paso de cebra [ɛl ˈpaso de ˈθeβra]	der Zebrastreifen
todo recto [ˈtoðo ˈrrɛkto]	geradeaus
girar a la derecha [xiˈrar a la deˈretʃa]	rechts abbiegen
girar la izquierda [xiˈrar a la iθˈkĭɛrða]	links abbiegen
¿Dónde hay una gasolinera? [ˈdɔnde aĭ ˈuna gasoliˈnera]	Wo ist eine Tankstelle?
aquí [aˈki]	hier
allí [aˈʎi]	dort
cerca [ˈθɛrka]	nah
lejos [ˈlɛxos]	weit

Kunst und Freizeitaktivitäten

Arte y actividades de tiempo libre
[ˈarte i aktiβiˈðaðes de ˈtjempo ˈliβre]

el teatro
[ɛl teˈatro]
das Theater

la ópera
[la ˈopera]
das Opernhaus

el cine
[ɛl ˈθine]
das Kino

la galería de arte
[la galeˈria de ˈarte]
die Kunstgalerie

el museo
[ɛl muˈseo]
das Museum

la piscina cubierta
[la pisˈθina kuˈβĭɛrta]
das Hallenbad

la piscina exterior
[la pisˈθina esteˈrĭɔr]
das Freibad

la sauna
[la ˈsaŭna]
die Sauna

el parque municipal
[ɛl ˈparke muniθiˈpal]
der Stadtpark

el gimnasio
[ɛl ximˈnasĭo]
das Fitnessstudio

Sehenswürdigkeiten

Lugares de interés turístico [luˈɣares de inteˈres tuˈristiko]

Barrio Gótico (Barcelona)
[ˈbarrĭo ˈgotiko (barθeˈlona)]

Casa Batlló (Barcelona)
[ˈkasa batʎo (barθeˈlona)]

Sagrada Familia (Barcelona)
[saˈɣraða faˈmilĭa (barθeˈlona)]

Palacio Real (Madrid)
[paˈlaθĭo rrɛˈal (maˈðrið)]

El Escorial (Madrid)
[ɛl eskoˈři̯al (maˈðrið)]

Parque del Retiro (Madrid)
[ˈparke dɛl rrɛˈtiro (maˈðrið)]

Flamenco (Andalucía)
[flaˈmeŋko (andaluˈθia)]

Encierro de San Fermín (Pamplona)
[enˈθi̯ɛrro de san fɛrˈmin (pamˈplona)]

Toledo

[toˈleðo]

Palma de Mallorca

[ˈpalma de maˈʎɔrka]

Ciudad de las Artes y las Ciencias (Valencia)

[θĭuˈðað de las ˈartes i las ˈθĭenθĭas (baˈlenθĭa)]

Alcázar (Segovia)

[alˈkaθar (seˈɣoβĭa)]

Alhambra (Granada)

[aˈlambra (graˈnada)]

Cuenca

[ˈkŭeŋka]

Playa de la Concha (San Sebastián)

[ˈplaja de la ˈkontʃa (san seβasˈtĭan)]

Catedral de Sevilla

[kateˈðral de seˈβiʎa]

Essen
- In der Bäckerei   54
- In der Metzgerei   56
- Im Fischgeschäft   58
- Im Gemüseladen   60
- Im Obstladen   66

Getränke   70
- In der Bar   72
- Im Café   74
- Tee   76

Im Restaurant   79

Die Gewürze   82

Das Frühstück   84

Die Vorspeisen   86

Das Hauptgericht   88

Die Süßspeisen   90

Einkaufsmöglichkeiten   92

Die Farben   100

Die Zahlen   102

In der Bäckerei

En la panadería
[en la panaðeˈria]

la barra campesina
[la ˈbarra kampeˈsina]

das rustikale Baguette

la rosca de pan
[la ˈrrɔska de pan]

der Brotkringel

el pan sevillano
[el pan seβiˈʎano]

das Brot aus Sevilla
(Weißbrot mit fester Krume)

el pan blanco
[el pan ˈblaŋko]

das Weißbrot

los panecillos
[los paneˈθiʎos]

die Brötchen

el pan multicereal
[el pan multiθereˈal]

das Mehrkornbrot

el pan de picos
[el pan de ˈpikos]

helles Brot, das zu Tapas serviert wird

el cordero
[ɛl kɔrˈðero]
das Lammfleisch

el pato
[ɛl ˈpato]
die Ente

el conejo
[ɛl koˈnɛxo]
das Kaninchen

el pollo
[ɛl ˈpoʎo]
das Hühnerfleisch

la ternera
[la terˈnera]
das Kalbfleisch

In der Metzgerei

En la carnicería
[en la karniθeˈria]

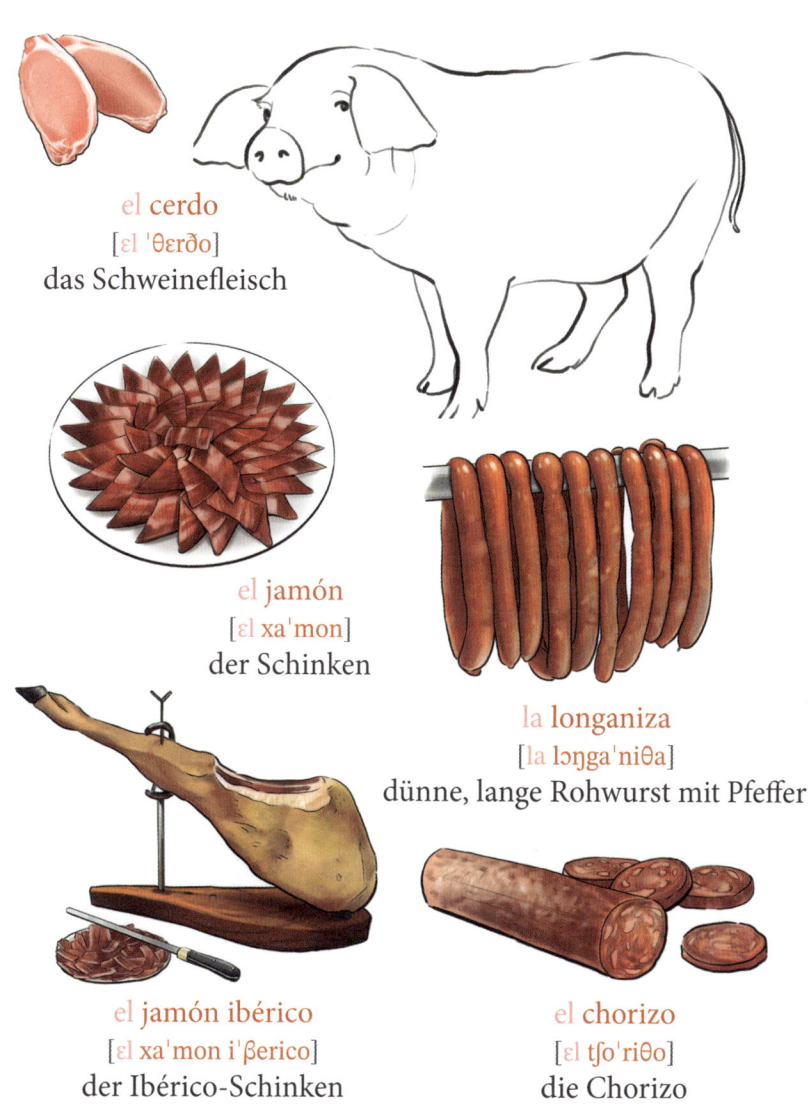

el cerdo
[ɛl ˈθɛrðo]
das Schweinefleisch

el jamón
[ɛl xaˈmon]
der Schinken

la longaniza
[la lɔŋgaˈniθa]
dünne, lange Rohwurst mit Pfeffer

el jamón ibérico
[ɛl xaˈmon iˈβerico]
der Ibérico-Schinken

el chorizo
[ɛl tʃoˈriθo]
die Chorizo

Im Fischgeschäft

En la pescadería
[en la peskaðeˈria]

la trucha
[la ˈtrutʃa]
die Forelle

el pescado
[ɛl pesˈkaðo]
der Fisch

el bacalao
[ɛl bakaˈlao]
der Kabeljau

la gamba
[la ˈgamba]
die Garnele

el cangrejo
[ɛl kaŋˈgrɛxo]
der Krebs

Im Gemüseladen

En la verdulería [en la bɛrðuleˈria]

1. la berenjena
[la bereŋˈxena] die Aubergine

2. la col china
[la kɔl ˈtʃina] der Chinakohl

3. el guisante
[ɛl giˈsante] die Erbsen

4. la albahaca
[la alβaˈaka] das Basilikum

5. la zanahoria
[la θanaˈorĭa] die Möhre

6. la coliflor
[la koliˈflɔr] der Blumenkohl

7. el brécol
[ɛl ˈbrekol] der Brokkoli

8. el pepino
[ɛl peˈpino] die Gurke

9. la alcachofa
[la alkaˈtʃofa] die Artischocke

1. el jengibre
[ɛl xeŋˈxiβre] der Ingwer

2. la lechuga
[la leˈtʃuɣa] der Kopfsalat

3. la calabaza
[la kalaˈβaθa] der Kürbis

4. la almendra
[la alˈmendra] die Mandel

5. el cacahuete
[ɛl kakaˈŭete] die Erdnuss

6. la avellana
[la aβeˈʎana] die Haselnuss

7. el ajo
[ɛl ˈaxo] der Knoblauch

8. la seta
[la ˈseta] der Pilz

9. la patata
[la paˈtata] die Kartoffel

10. el maíz
[ɛl maˈiθ] der Mais

11. la nuez
[la ˈnŭeθ] die Walnuss

1. la remolacha
[la rrɛmoˈlatʃa] die rote Beete

2. el pimiento
[ɛl piˈmjento] die Paprika

3. la cebolla
[la θeˈβoʎa] die Zwiebel

4. el repollo
[ɛl rrɛˈpoʎo] der Weißkohl

5. el repollo morado
[ɛl rrɛˈpoʎo moˈraðo] der Rotkohl

6. el espárrago
[ɛl esˈparraɣo] der Spargel

7. el tomate
[ɛl toˈmate] die Tomate

8. el calabacín
[ɛl kalaβaˈθin] die Zucchini

9. el apio
[ɛl ˈapĭo] der Sellerie

10. la espinaca
[la espiˈnaka] der Spinat

Im Obstladen

En la frutería
[en la fʀuteˈria]

la manzana
[la manˈθana]
der Apfel

la manzana verde
[la manˈθana ˈbɛrðe]
der grüne Apfel

la pera
[la ˈpera]
die Birne

la cereza
[la θeˈreθa]
die Kirsche

la ciruela
[la θiˈrŭela]
die Pflaume

la aceituna
[la aθeɪˈtuna]
die Olive

el coco [ɛl ˈkoko] die Kokosnuss

la fresa [la ˈfresa] die Erdbeere

la piña [la ˈpiɲa] die Ananas

la granada [la graˈnaða] der Granatapfel

la zarzamora [la θarθaˈmora] die Brombeere

la frambuesa [la framˈbŭesa] die Himbeere

el arándano [ɛl aˈrandano] die Blaubeere

la grosella negra [la groˈseʎa ˈneɣra] die schwarze Johannisbeere

la grosella [la groˈseʎa] die rote Johannisbeere

la lima
[la ˈlima]
die Limette

el limón
[ɛl liˈmɔn]
die Zitrone

el aguacate
[ɛl aɣŭaˈkate]
die Avocado

el melocotón
[ɛl melokoˈtɔn]
der Pfirsich

la papaya
[la paˈpaja]
die Papaya

el plátano
[ɛl ˈplatano]
die Banane

el mango
[ɛl ˈmaŋgo]
die Mango

la naranja
[la naˈraŋxa]
die Orange

la mandarina
[la mandaˈrina]
die Mandarine

la sandía
[la sanˈdia]
die Wassermelone

la uva
[la ˈuβa]
die Weintraube

el melón
[ɛl meˈlɔn]
die Melone

el kiwi
[ɛl ˈkiβi]
die Kiwi

Getränke

Las bebidas [las beˈβiðas]

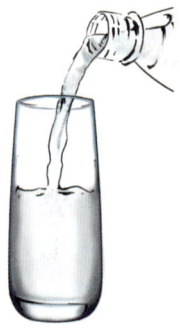

el agua
[ɛl ˈaɣŭa]
das Wasser

el agua con gas
[ɛl ˈaɣŭa kon gas]
das (Mineral)wasser mit Kohlensäure

el agua mineral
[ɛl ˈaɣŭa mineral]
das Mineralwasser

la piña colada
[la ˈpiɲa koˈlaða]
die Piña Colada

el agua de Valencia
[ɛl ˈaɣŭa de baˈlenθĭa]
Cocktail mit Orangensaft, Sekt, Gin und Wodka

el mojito
[ɛl mɔˈxito]
der Mojito

el zumo de melocotón
[ɛl ˈθumo de melokoˈtɔn]
der Pfirsichsaft

el sol y sombra
[ɛl sɔl i ˈsɔmbra]
Cocktail mit Brandy und Anis

el zumo de manzana
[ɛl ˈθumo de manˈθana]
der Apfelsaft

la sangría
[la saŋˈgria]
die Sangria

el zumo de piña
[ɛl ˈθumo de ˈpiɲa]
der Ananassaft

el zumo de naranja
[ɛl ˈθumo de naˈraŋxa]
der Orangensaft

el zumo de uva
[ɛl ˈθumo de ˈuβa]
der Traubensaft

el zumo de tomate
[ɛl ˈθumo de toˈmate]
der Tomatensaft

In der Bar
En el bar [en ɛl bar]

la cerveza
[la θɛrˈβeθa]
das Bier

el whisky
[ɛl ˈg̃uiski]
der Whiskey

el coñac
[ɛl kɔˈɲak]
der Cognac

el vino tinto
[ɛl ˈbino ˈtinto]
der Rotwein

el vino blanco
[ɛl ˈbino ˈblaŋko]
der Weißwein

el vino rosado
[ɛl ˈbino rrɔˈsaðo]
der Rosé

el vino dulce de Málaga [el ˈbino ˈdulθe de ˈmalaɣa] der süße Wein von Malaga

La vida es demasiado corta para beber vino malo.

[la ˈbiða es demaˈsĭaðo ˈkɔrta ˈpara beˈβɛr ˈbino ˈmalo]

Das Leben ist viel zu kurz, um schlechten Wein zu trinken.

Johann Wolfgang von Goethe

el café solo
[ɛl kaˈfe ˈsolo]

el café cortado
[ɛl kaˈfe kɔrˈtaðo]

el café con helado
[ɛl kaˈfe kɔn eˈlaðo]

el café con hielo
[ɛl kaˈfe kɔn ˈjelo]

Im Café

En la cafetería [en la kafeteˈria]

el café solo
der Kaffee mit sehr kräftigem Geschmack

el café cortado
der doppelte Espresso mit etwas Milchschaum

el café con helado
der Espresso mit Vanilleeis

el café con hielo
der Espresso mit Eis

el café con leche
[ɛl kaˈfe kɔn ˈletʃe]

el cappuccino
[ɛl kapuˈtʃiːno]

el café moka
[ɛl kaˈfe ˈmoka]

el chocolate caliente
[ɛl tʃokoˈlate kaˈlĭente]

la leche caliente
[la ˈletʃe kaˈlĭente]

el café con leche
der Milchkaffee

el cappuccino
der Espresso mit etwas heißer Milch und Milchschaum

el café moka
der Espresso mit Schokoladensoße und Milchschaum

el chocolate caliente die heiße Schokolade

la leche caliente die heiße Milch

Tee

té [te]

1. el té negro
[ɛl te ˈneɣro]
der schwarze Tee

2. el té blanco
[ɛl te ˈblaŋko]
der weiße Tee

3. el té verde
[ɛl te ˈbɛrðe]
der grüne Tee

4. el té afrutado
[ɛl te afruˈtaðo]
der Früchtetee

5. el té con limón
[ɛl te kon liˈmon]
der Zitronentee

6. el té de hierbas
[ɛl te de ˈjɛrβas]
der Kräutertee

Disculpe, querría pedir la comida.

[disˈkulpe keˈrria peˈðir la koˈmiða]

Entschuldigung!
Ich würde gerne bestellen.

¿Cuál es la especialidad de la región?

[kŭal es la espeθĭaliˈðað de la rrɛˈxĭɔn]

Was ist die Spezialität dieser Region?

Im Restaurant
En el restaurante [en ɛl rrestaŭˈrante]

el restaurante [ɛl rrestaŭˈrante]   das Restaurant

el menú   [ɛl meˈnu]   die Speisekarte

el entrante   [ɛl enˈtrante]   die Vorspeise

el plato principal   [ɛl ˈplato prinθiˈpal]   das Hauptgericht

el postre   [ɛl ˈpɔstre]   der Nachtisch

¿Tiene mesa para dos? Haben Sie einen Tisch
[ˈtĭene ˈmesa ˈpara dɔs] für zwei Personen?

¿Tiene menú del día? Gibt es ein Tagesmenü?
[ˈtĭenen meˈnu dɛl ˈdia]

¿Qué me recomienda? Was können Sie mir
[ke me rrɛkomĭenˈda] empfehlen?

Querría... Ich hätte gerne...
[keˈrria]

la comida [la koˈmiða]	die Mahlzeit
el desayuno [ɛl desaˈjuno]	das Frühstück
el almuerzo [ɛl almuˈɛrθo]	das Mittagessen
la cena [la ˈθena]	das Abendessen

¡Buen provecho!
[bŭen proˈβetʃo]

Guten Appetit!

La cuenta, por favor.
[la ˈkŭenta pɔr faˈβɔr]
Die Rechnung, bitte.

¡Muy buena, la comida! Das Essen war sehr gut.
[mŭi ˈbŭena la koˈmiða]

¡Delicioso! Köstlich!
[deliˈθĭoso]

Aquí tiene. Das ist für Sie.
[aˈki ˈtĭene]

la propina das Trinkgeld
[la proˈpina]

la pimienta
[la piˈmĭenta]
der Pfeffer

la sal
[la sal]
das Salz

Die Gewürze

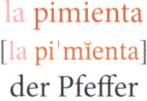

Las especias [las esˈpeθĭas]

la cayena en polvo
[la kaˈjena en ˈpolβo]
das Chilipulver

la salsa de pesto
[la ˈsalsa de ˈpesto]
das Pesto

el curry
[ɛl ˈkurri]
das Currypulver

la **mostaza**
[la mɔsˈtaθa]
der Senf

el **kétchup**
[ɛl ˈkeðtʃup]
das Tomatenketchup

la **mayonesa**
[la majoˈnesa]
die Mayonnaise

el **azúcar**
[ɛl aˈθukar]
der Zucker

el **edulcorante**
[ɛl eðulkoˈrante]
der Süßstoff

el **pimentón**
[ɛl pimenˈtɔn]
das Paprikapulver

el **queso parmesano**
[ɛl ˈkeso parmeˈsano]
der Parmesankäse

la **salsa** de **soja**
[la ˈsalsa de ˈsɔxa]
die Sojasoße

la mermelada
[la mɛrmeˈlaða]
die Marmelade

la mantequilla de cacahuete
[la manteˈkiʎa de kakaˈu̯ete]
die Erdnussbutter

la miel
[la mi̯ɛl]
der Honig

la mantequilla
[la manteˈkiʎa]
die Butter

el queso
[ɛl ˈkeso]
der Käse

la tostada
[la tɔsˈtaða]
das Toastbrot

el chocolate con churros
[ɛl tʃokoˈlate kon ˈtʃurros]
Churros mit heißer Schokolade

el huevo cocido
[ɛl ˈu̯eβo koˈθiðo]
das gekochte Ei

la tortilla
[la tɔrˈtiʎa]
das Omelett

Das Frühstück
El desayuno [ɛl desaˈjuno]

el muesli
[ɛl ˈmŭesli]
das Müsli

la macedonia
[la maθeˈðonĭa]
der Obstsalat

el yogur
[ɛl joˈɣur]
der Joghurt

el huevo frito
[ɛl ˈŭeβo ˈfrito]
der Spiegelei

la tortita
[la tɔrˈtita]
der Pfannkuchen

el pan con tomate
[ɛl pan kɔn toˈmate]
das Brot mit Tomate

los huevos revueltos
[lɔs ˈŭeβos rrɛˈβŭɛltos]
das Rührei

Die Vorspeisen

Los entrantes [lɔs enˈtrantes]

el bacalao frito
[ɛl bakaˈlao ˈfrito]
der frittierte Kabeljau

las aceitunas
[las aθeɪˈtunas]
die Oliven

las banderillas
[las bandeˈriʎas]
die Mixed-Pickles-Spieße

el pulpo a la gallega
[ɛl ˈpulpo a la gaˈʎeɣa]
der Oktopus auf Galicische Art

los calamares fritos
[lɔs kalaˈmares ˈfritos]
die frittierten Tintenfischringe

el huevo frito con patatas
[ɛl ˈŭeβo ˈfrito kon paˈtatas]
die Bratkartoffeln mit Spiegelei

el gazpacho
[ɛl gaθˈpatʃo]
der Gazpacho

los pinchos
[lɔs ˈpintʃos]
die Häppchen

el pan con jamón
[ɛl pan kɔṅ xaˈmon]
das Brot mit Schinken

las tapas
[las ˈtapas]
die Tapas

Das Hauptgericht

Los platos principales [lɔs ˈplatos prinθiˈpales]

la tortilla española
[la tɔrˈtiʎa espaˈɲɔla]
das Kartoffelomelett

el cocido madrileño
[ɛl koˈθiðo maðriˈleɲo]
der Eintopf mit Kichererbsen,
Fleisch, Wurst und Kohl

la paella
[la paˈeʎa]
die Paella

el cochifrito
[ɛl kotʃiˈfrito]
das gekochte und überbackene
Lamm oder Zicklein

el escabeche
[ɛl eskaˈβetʃe]
der marinierte Fisch

la fideuá
[la fiðeˈŭa]
die Nudelpaella mit Fischbrühe

las sardinas a la brasa
[las sarˈðinas a la ˈbrasa]
die Sardinen vom Holzkohlengrill

el gratinado de patatas
[ɛl gratiˈnado de paˈtatas]
das Kartoffelgratin

Die Süßspeisen

Los dulces [lɔs ˈdulθes]

1. la horchata [la ɔrˈtʃata]
2. la crema catalana [la ˈkrema kataˈlana]
3. el turrón [ɛl tuˈrrɔn]
4. la leche frita [la ˈletʃe ˈfrita]
5. la tarta de manzana [la ˈtarta de manˈθana]
6. las torrijas [las tɔˈrrixas]
7. el arroz con leche [ɛl aˈrrɔθ kɔn ˈletʃe]
8. los polvorones [lɔs pɔlβoˈrɔnes]
9. la quesada pasiega [la keˈsaða paˈsi̯eɣa]
10. las yemas de santa teresa [las ˈjemas de ˈsanta teˈresa]
11. el pastel de tres leches [ɛl pasˈtel de tres ˈletʃes]

Einkaufsmöglichkeiten

Tiendas y supermercados [ˈtiendas i supɛrmɛrˈkaðos]

El Cortes Inglés®
PRIMARK®
Massimo Dutti®
DIA®
Alcampo®
Eroski®
LIDL®
MERCADONA®
Supercor®

el centro comercial
[ɛl ˈθentro komɛrˈθi̯al]
das Einkaufszentrum

la tienda
[la ˈti̯enda]
der Laden

el mercado
[ɛl mɛrˈkaðo]
der Markt

el supermercado
[ɛl supɛrmɛrˈkaðo]
der Supermarkt

el quiosco
[ɛl ˈki̯ɔsko]
der Kiosk

Alles, was das Herz begehrt

Todo lo que el corazón desea [ˈtoðo lo ke ɛl koraˈθɔn deˈsea]

la tienda de cosméticos
[la ˈtienda de kɔzˈmetikos]
die Parfümerie

la peluquería
[la pelukeˈria]
der Friseursalon

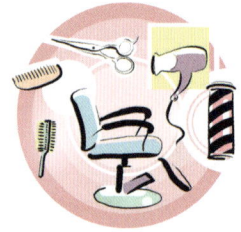

la joyería
[la xojeˈria]
das Juweliergeschäft

la floristería
[la floristeˈria]
der Blumenladen

la **tienda** de **moda**
[la ˈtĭenda de ˈmoða]
die Modeboutique

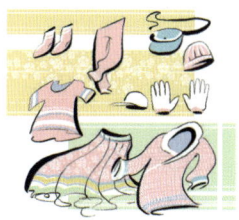

la **zapatería**
[la θapateˈria]
das Schuhgeschäft

la **tienda** de **souvenirs**
[la ˈtĭenda de subeˈnirs]
der Souvenirladen

la **tienda** de **antigüedades**
[la ˈtĭenda de antiyŭeˈðaðes]
das Antiquitätengeschäft

Quiero... [ˈkǐero]	Ich möchte...
una camisa. [ˈuna kaˈmisa]	ein Hemd.
un pantalón. [un pantaˈlɔn]	eine Hose.
un par de zapatos. [un par de θaˈpatos]	ein Paar Schuhe.
unas medias. [ˈunas ˈmeðǐas]	ein Paar Strümpfe.
dos blusas. [dɔs ˈblusas]	zwei Blusen.
tres chaquetas. [tres tʃaˈketas]	drei Jacken.
cuatro faldas. [ˈkǔatro ˈfaldas]	vier Röcke.
cinco abrigos. [ˈθiŋko aˈβriɣos]	fünf Mäntel.

¿Cuánto cuesta esto?   Wie viel kostet das?
[ˈkŭanto ˈkŭesta ˈesto]

Cuesta ... euros.   Das kostet ... Euro.
[ˈkŭesta ... ˈeŭros]

Es muy caro.   Das ist sehr teuer.
[es mŭi ˈkaro]

Es muy barato.   Das ist sehr billig.
[es mŭi baˈrato]

Gracias, es suficiente.   Danke, das ist genug.
[ˈgraθĭas es sufiˈθĭente]

Es económico.   Der Preis ist angemessen.
[es ekoˈnomiko]

Es demasiado corto(a) / largo(a).   Das ist zu kurz / lang.
[es demaˈsĭaðo ˈkɔrto(a) /ˈlarɣo(a)]

Es demasiado estrecho(a) / ancho(a).   Das ist zu eng / weit.
[es demaˈsĭaðo esˈtretʃo(a) / ˈantʃo(a)]

¿Puedo probarmelo?

[ˈpŭeðo proˈβarmelo]

Kann ich das anprobieren?

¿Dónde está el probador?

[ˈdɔnde esˈta ɛl proβaˈðɔr]

Wo ist die Umkleidekabine?

Rebajado

[rrɛβaxaˈðo]

Reduziert

precio rebajado

[ˈpreθĭo rrɛβaˈxado] reduzierter Preis

liquidación

[likiðaˈθĭɔn] Räumungsverkauf

precio especial

[ˈpreθĭo espeˈθĭal] Sonderpreis

oferta especial

[oˈfɛrta espeˈθĭal] Sonderangebot

Die Farben

Los colores [lɔs koˈlɔres]

el blanco
[ɛl ˈblaŋko]
weiß

el negro
[ɛl ˈneɣro]
schwarz

el naranja
[ɛl naˈraŋxa]
orange

el marrón
[ɛl maˈrrɔn]
braun

el gris
[ɛl gris]
grau

el azul claro
[ɛl aˈθul ˈklaro]
hellblau

Die Zahlen
Los números [lɔs ˈnumeros]

0	cero	[ˈθero]
1	uno (un), una	[ˈuno (un) ˈuna]
2	dos	[dɔs]
3	tres	[tres]
4	cuatro	[ˈkŭatro]
5	cinco	[ˈθiŋko]
6	seis	[sɛĭs]
7	siete	[ˈsĭete]
8	ocho	[ˈotʃo]
9	nueve	[ˈnŭeβe]
10	diez	[dĭeθ]
11	once	[ˈɔnθe]
12	doce	[ˈdoθe]
13	trece	[ˈtreθe]
14	catorce	[kaˈtɔrθe]
15	quince	[ˈkinθe]
16	dieciséis	[dĭeθiˈsɛĭs]
17	diecisiete	[dĭeθiˈsĭete]
18	dieciocho	[dĭeθiˈotʃo]
19	diecinueve	[dĭeθiˈnŭeβe]
20	veinte	[ˈbɛĭnte]
21	veintiuno	[bɛĭntĭˈuno]
	(veintiún), veintiuna	[(bɛĭntĭˈun) bɛĭntĭˈuna]
22	veintidós	[bɛĭntiˈdɔs]
23	veintitrés	[bɛĭntiˈtres]
24	veinticuatro	[bɛĭntiˈkŭatro]

25	veinticinco	[bɛɪ̆ntiˈθiŋko]
26	veintiséis	[bɛɪ̆ntiˈsɛɪ̆s]
27	veintisiete	[bɛɪ̆ntiˈsi̯ete]
28	veintiocho	[bɛɪ̆ntiˈotʃo]
29	veintinueve	[bɛɪ̆ntiˈnŭeβe]
30	treinta	[ˈtrɛɪ̆nta]
40	cuarenta	[kŭaˈrenta]
50	cincuenta	[θiŋˈkŭenta]
60	sesenta	[seˈsenta]
70	setenta	[seˈtenta]
80	ochenta	[oˈtʃenta]
90	noventa	[noˈβenta]
100	cien	[θi̯en]
101	ciento uno (un), una	[ˈθi̯ento ˈuno (ˈun) ˈuna]
200	doscientos (-as)	[dɔsˈθi̯entos/as]
300	trescientos (-as)	[tresˈθi̯entos/as]
400	cuatrocientos (-as)	[kŭatroˈθi̯entos/as]
500	quinientos (-as)	[kiˈni̯entos/as]
600	seiscientos (-as)	[sɛɪ̆sˈθi̯entos/as]
700	setecientos (-as)	[seteˈθi̯entos/as]
800	ochocientos (-as)	[otʃoˈθi̯entos/as]
900	novecientos (-as)	[noβeˈθi̯entos/as]
1000	mil	[mil]
1150	mil ciento cincuenta	[mil ˈθi̯ento θiŋˈkŭenta]
100 000	cien mil	[θi̯en mil]
1 000 000	un millón	[un miˈʎɔn]

1

el primero (primer) / la primera

[ɛl priˈmero (priˈmɛr) / la priˈmera]

der Erste / die Erste / das Erste

2

el segundo / la segunda

[ɛl seˈɣundo / la seˈɣunda]

der Zweite / die Zweite / das Zweite

3

el tercero (tercer) / la tercera

[ɛl tɛrˈθero (tɛrˈθɛr) / la tɛrˈθera]

der Dritte / die Dritte / das Dritte

el cuarto / la cuarta [ɛl ˈkŭarto / la ˈkŭarta]	der/die/das Vierte
el quinto / la quinta [ɛl ˈkinto / la ˈkinta]	der/die/das Fünfte
el sexto / la sexta [ɛl ˈsesto / la ˈsesta]	der/die/das Sechste
el séptimo / la séptima [ɛl ˈsɛptimo / la ˈsɛptima]	der/die/das Siebte
el octavo / la octava [ɛl ɔkˈtaβo / la ɔkˈtaβa]	der/die/das Achte
el noveno / la novena [ɛl noˈβeno / la noˈβena]	der/die/das Neunte
el décimo / la décima [ɛl ˈdeθimo / la ˈdeθima]	der/die/das Zehnte

Die Zeit und das Wetter	108
Wann denn?	108
Rund um die Uhr	110
Die Wochentage	116
Die zwölf Monate des Jahres	118
Das Wetter und die Jahreszeiten	120
Die Körperteile	122
Der Körper und die Gesundheit	123
Wenn man sich krank fühlt	126
Tätigkeiten des Alltags	130
Notfälle	136
Was sagen uns die Schilder?	140
Gefühlsausbrüche	144
Slang	150
Komplimente	154
Romantisches	156
Land und Leute	158

Die Zeit und das Wetter

El tiempo y el clima [ɛl ˈtĭempo i ɛl ˈklima]

Wann denn?

¿Cuándo entonces? [ˈkŭando enˈtɔnθes]

ayer
[aˈjɛr]
gestern

anoche
[aˈnotʃe]
letzte Nacht

anteayer
[anteaˈjɛr]
vorgestern

la semana pasada
[la seˈmana paˈsaða]
letzte Woche

el año pasado
[ɛl ˈaɲo paˈsaðo]
letztes Jahr

hoy
[ɔĭ]
heute

mañana
[maˈɲana]
morgen

pasado mañana
[paˈsaðo maˈɲana]
übermorgen

la semana que viene
[la seˈmana ke ˈbĭene]
nächste Woche

el año que viene
[ɛl ˈaɲo ke ˈbĭene]
nächstes Jahr

Rund um die Uhr
Todo sobre la hora [ˈtoðo ˈsoβre la ˈora]

las horas [las ˈoras]	die Uhrzeiten
el reloj [ɛl rrɛˈlɔx]	die Uhr
el segundo [ɛl seˈɣundo]	die Sekunde
los segundos [lɔs seˈɣundos]	die Sekunden
el minuto [ɛl miˈnuto]	die Minute
los minutos [lɔs miˈnutos]	die Minuten
un cuarto de hora [un ˈku̯arto de ˈora]	eine Viertelstunde
media hora [ˈmeði̯a ˈora]	eine halbe Stunde
la hora [la ˈora]	die Stunde
las horas [las ˈoras]	die Stunden

la mañana
[la maˈɲana]

der Morgen

el mediodía
[ɛl meðĭoˈðia]

der Mittag

la tarde
[la ˈtarðe]

der Nachmittag / der Abend

la noche
[la ˈnotʃe]

die Nacht

la medianoche
[la meðĭaˈnotʃe]

die Mitternacht

temprano
[temˈprano]
früh

---

tarde
[ˈtarðe]
spät

¿Qué hora es?

[ke ˈora es]

Wie spät ist es?

Es la una.
[es la ˈuna]

Es ist ein Uhr.

7:10
Son las siete y diez.
[sɔn las ˈsi̯ete i ˈdi̯eθ]
Es ist zehn nach sieben.

7:15
Son las siete y cuarto.
[sɔn las ˈsi̯ete i ˈku̯arto]
Es ist Viertel nach sieben.

9:50

Son las diez menos diez.
[sɔn las dĭeθ ˈmenɔs dĭeθ]
Es ist zehn vor zehn.

10:00

Son las diez.
[sɔn las dĭeθ]
Es ist zehn Uhr.

10:10

Son las diez y diez.
[sɔn las dĭeθ i dĭeθ]
Es ist zehn nach zehn.

10:30

Son las diez y media.
[sɔn las dĭeθ i ˈmeðĭa]
Es ist halb elf.

12:00

Son las doce del mediodía.
[sɔn las ˈdoθe del meðioˈdiːa]
Es ist Mittag.

19:55

Son las ocho menos cinco de la tarde.
[sɔn las ˈotʃo ˈmenɔs ˈθiŋko de la ˈtarðe]
Es ist fünf vor acht Uhr abends.

20:00

Son las ocho de la tarde.
[sɔn las ˈotʃo de la ˈtarðe]
Es ist acht Uhr abends.

24:00

Son las doce de la noche.
[sɔn las ˈdoθe de la ˈnotʃe]
Es ist Mitternacht.

Die Wochentage

Los días de la semana [lɔs ˈdiːas de la seˈmana]

lunes	**martes**	**miércoles**
[ˈlunes]	[ˈmartes]	[ˈmiɛrkoles]
Montag	Dienstag	Mittwoch

el día laborable
[ɛl ˈdiːa laβoˈraβle]

der Werktag

el fin de semana
[ɛl fin de seˈmana]

das Wochenende

el día festivo
[ɛl ˈdia fesˈtiβo]

der Feiertag

el día de descanso
[ɛl ˈdia de desˈkanso]

der Ruhetag

jueves	**viernes**	**sábado**	**domingo**
[ˈxŭeβes]	[ˈbĭɛrnes]	[ˈsaβaðo]	[doˈmiŋgo]
Donnerstag	Freitag	Samstag	Sonntag

¿Qué día es hoy?
[ke ˈdia es ɔĭ]

Welchen Tag haben wir heute?

Hoy es lunes.
[ɔĭ es ˈlunes]

Heute ist Montag.

¿Qué fecha es hoy?
[ke ˈfetʃa es ɔĭ]

Welches Datum haben wir heute?

Hoy es diez de enero.
[ɔĭ es dĭeθ de eˈnero]

Wir haben heute den 10. Januar.

¿Hoy es festivo?
[ɔĭ es fesˈtiβo]

Ist heute ein Feiertag?

1 **enero** [eˈnero] Januar	**2** **febrero** [feˈβrero] Februar
5 **mayo** [ˈmajo] Mai	**6** **junio** [ˈxunĭo] Juni
9 **septiembre** [sepˈtĭembre] September	**10** **octubre** [ɔkˈtuβre] Oktober

Die zwölf Monate des Jahres
Los doce meses del año [lɔs ˈdoθe ˈmeses dɛl ˈaɲo]

3
marzo
[ˈmarθo]
März

4
abril
[aˈβril]
April

7
julio
[ˈxulĭo]
Juli

8
agosto
[aˈɣɔsto]
August

11
noviembre
[noˈβĭembre]
November

12
diciembre
[diˈθĭembre]
Dezember

Das Wetter und die Jahreszeiten
El clima y las estaciones [ɛl ˈklima i las estaˈθi̯ɔnes]

la primavera
[la primaˈβera]
der Frühling

el verano
[ɛl beˈrano]
der Sommer

el otoño
[ɛl oˈtoɲo]
der Herbst

el invierno
[ɛl imˈbi̯erno]
der Winter

¿Qué tiempo hace hoy? [ke ˈtĭempo ˈaθɛ ɔĭ]	Wie ist das Wetter heute?
Hace buen tiempo. [ˈaθɛ bŭen ˈtĭempo]	Das Wetter ist schön.
Hace sol. [ˈaθɛ sɔl]	Die Sonne scheint.
Hace mal tiempo. [ˈaθɛ mal ˈtĭempo]	Das Wetter ist schlecht.
Hace calor. [ˈaθɛ kaˈlɔr]	Es ist heiß.
Hace mucho calor. [ˈaθɛ ˈmutʃo kaˈlɔr]	Es ist sehr heiß.
Tengo mucho calor. [ˈteŋgo ˈmutʃo kaˈlɔr]	Mir ist sehr heiß.
Hace mucho frío. [ˈaθɛ ˈmutʃo ˈfrio]	Es ist sehr kalt.
Tengo mucho frío. [ˈteŋgo ˈmutʃo ˈfrio]	Mir ist sehr kalt.
Hace mucho viento. [ˈaθɛˈmutʃo ˈbĭento]	Es ist sehr windig.
Hay niebla. [aĭ ˈnĭeβla]	Es ist neblig.
Está lloviendo. [esˈta ʎoˈβĭendo]	Es regnet.
Está lloviznando. [esˈta ʎoβiθˈnando]	Es nieselt.
Está nevando. [esˈta neˈβando]	Es schneit.

la frente
[la ˈfrente] die Stirn

el ojo
[ɛl ˈɔxo] das Auge

la nariz
[la naˈriθ] die Nase

la boca
[la ˈboka] der Mund

los dientes
[lɔs ˈdi̯entes] die Zähne

la lengua
[la ˈleŋgu̯a] die Zunge

la barbilla
[la barˈβiʎa] das Kinn

los dedos
[lɔs ˈdeðos]
die Finger

la mano
[la ˈmano]
die Hand

la cintura
[la θinˈtura]
die Taille

la cadera
[la kaˈðera]
die Hüfte

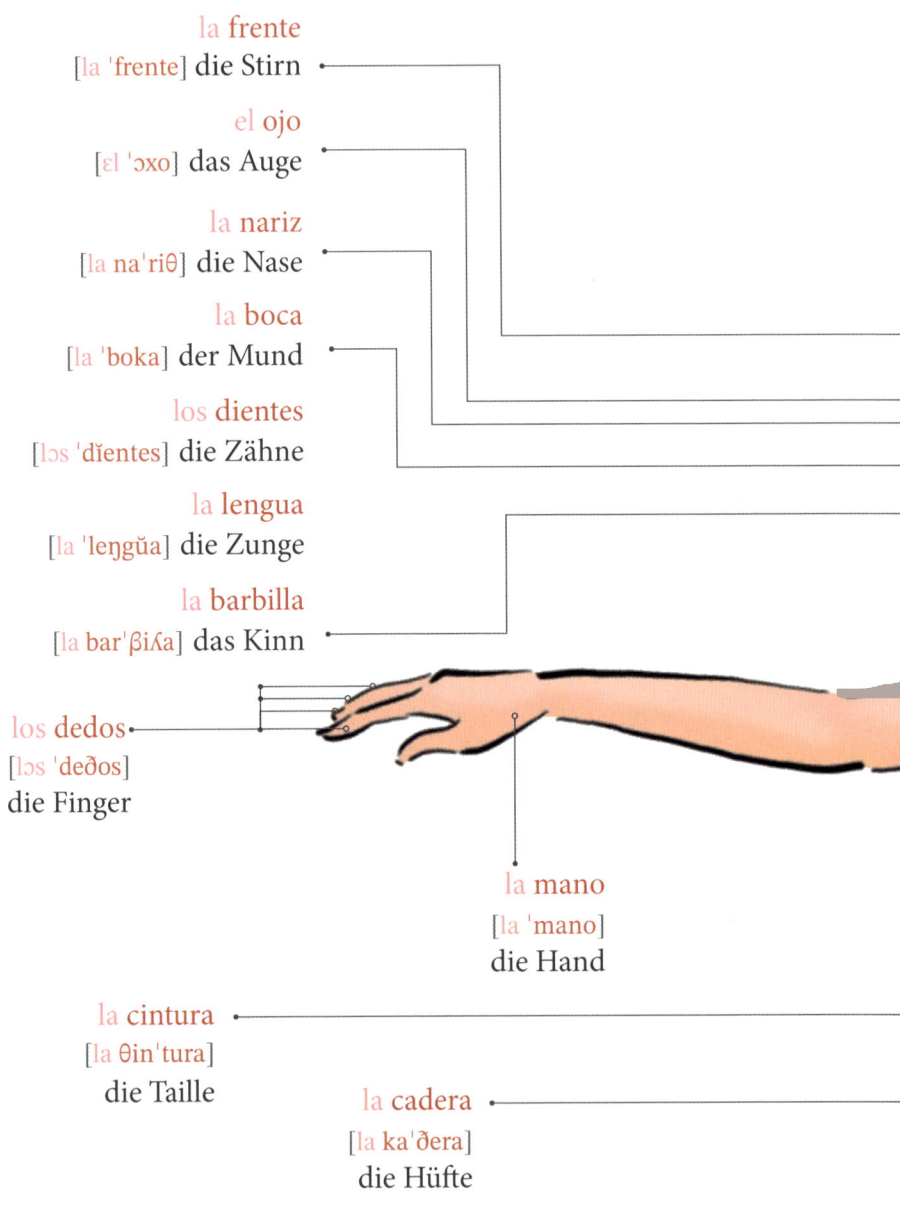

Die Körperteile

Las partes del cuerpo [las ˈpartes del ˈku̯ɛrpo]

Der Körper und die Gesundheit
El cuerpo y la salud [ɛl ˈkŭɛrpo i la salud]

la cabeza
[la kaˈβeθa]
der Kopf

la cara
[la ˈkara]
das Gesicht

las orejas
[las oˈrɛxas]
die Ohren

la mejilla
[la mɛˈxiʎa]
die Wange

el cuello
[ɛl ˈkŭeʎo]
der Hals

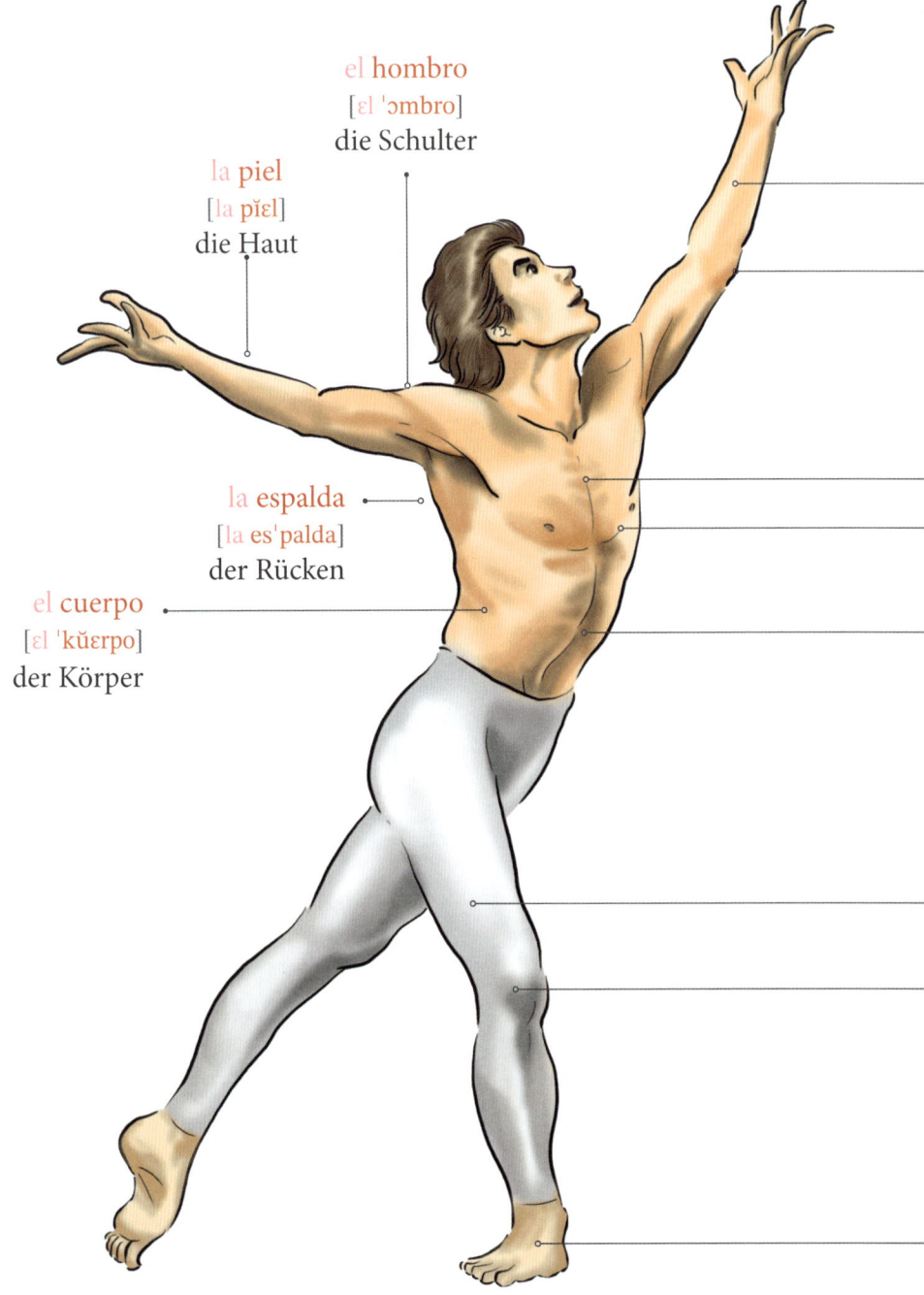

el hombro
[ɛl ˈɔmbro]
die Schulter

la piel
[la pĭɛl]
die Haut

la espalda
[la esˈpalda]
der Rücken

el cuerpo
[ɛl ˈkŭɛrpo]
der Körper

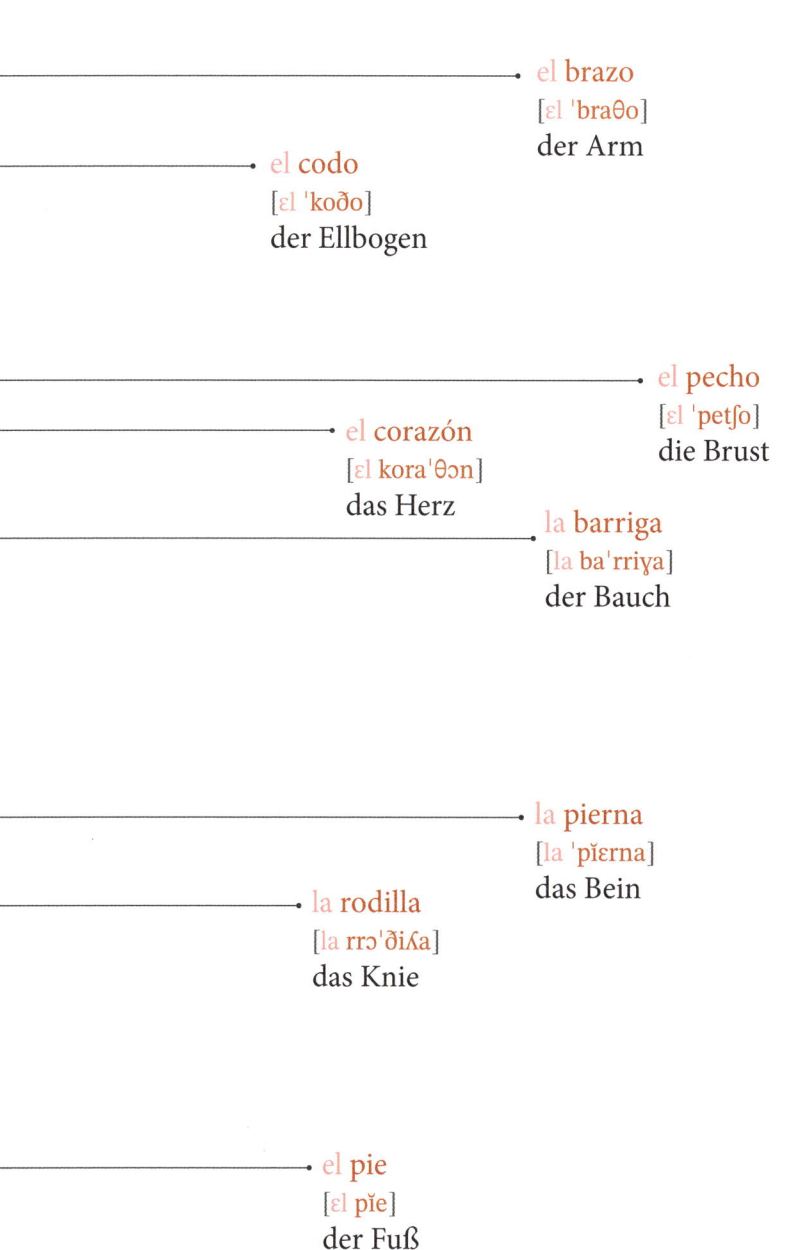

el brazo
[ɛl ˈbraθo]
der Arm

el codo
[ɛl ˈkoðo]
der Ellbogen

el pecho
[ɛl ˈpetʃo]
die Brust

el corazón
[ɛl koraˈθɔn]
das Herz

la barriga
[la baˈrriɣa]
der Bauch

la pierna
[la ˈpi̯ɛrna]
das Bein

la rodilla
[la rrɔˈðiʎa]
das Knie

el pie
[ɛl pi̯e]
der Fuß

Wenn man sich krank fühlt

Cuando se siente mal [ˈkŭando se ˈsĭente mal]

Estoy enfermo/a. [esˈtɔĭ emˈfɛrmo/a]	Ich bin krank.
Tengo que vomitar. [ˈteŋgo ke bomiˈtar]	Ich muss mich übergeben.
Tengo náuseas. [ˈteŋgo ˈnaŭseas]	Mir ist übel.
Me duele aquí. [me ˈdŭele aˈki]	Hier tut es weh.
Tengo fiebre. [ˈteŋgo ˈfĭeβre]	Ich habe Fieber.
Me duele la cabeza. [me ˈdŭele la kaˈβeθa]	Ich habe Kopfschmerzen.
Me duele la barriga. [me ˈdŭele la baˈrriɣa]	Ich habe Bauchschmerzen.

Me duele la garganta. [me ˈdŭele la garˈɣanta]	Ich habe Halsschmerzen.
Me duele la espalda. [me ˈdŭele la esˈpalda]	Ich habe Rückenschmerzen.
Tengo dolor de muelas. [ˈteŋgo doˈlɔr de ˈmŭelas]	Ich habe Zahnschmerzen.
Tengo estreñimiento. [ˈteŋgo estreɲiˈmi̯ento]	Ich habe Verstopfung.
Tengo diarrea. [ˈteŋgo dĭaˈrrɛa]	Ich habe Durchfall.
Tengo alergia. [ˈteŋgo aˈlɛrxia]	Ich habe eine Allergie.
Tengo un sarpullido. [ˈteŋgo un sarpuˈʎiðo]	Ich habe Ausschlag.

la farmacia
[laˈfarˈmaθĭa] die Apotheke

el hospital
[ɛl ɔspiˈtal] das Krankenhaus

el médico
[ɛl ˈmeðiko] der Arzt

la médica
[la ˈmeðika] die Ärztin

el enfermero
[ɛl emfɛrˈmero] der Krankenpfleger

la enfermera
[la emfɛrˈmera] die Krankenschwester

la medicina / el medicamento
[la meðiˈθina / ɛl meðikaˈmento] das Medikament

¡Jesús! / ¡Salud!
[xeˈsus / saˈluð]

Gesundheit!

Tätigkeiten des Alltags
Las actividades diarias [las aktiβiˈðaðes ðiˈarĭas]

despertarse
[desperˈtarse]
aufwachen

levantarse
[leβanˈtarse]
aufstehen

cepillarse los dientes
[θepiˈʎarse lɔs ˈdĭentes]
sich die Zähne putzen

ducharse
[duˈtʃarse]
duschen

tomar un baño
[toˈmar um ˈbaɲo]
ein Bad nehmen

cocinar
[koθiˈnar]
kochen

comer
[koˈmer]
essen

beber
[beˈβer]
trinken

leer
[leˈer]
lesen

escribir
[eskriˈβir]
schreiben

mirar
[miˈrar]
anschauen

llamar por teléfono
[ʎaˈmar por teˈlefono]
anrufen

hacer deporte
[aˈθɛr deˈpɔrte]
Sport treiben

pintar
[pinˈtar]
malen

observar
[oβserˈβar]
beobachten

cantar
[kanˈtar]
singen

fotografiar / tomar fotografías
[fotoɣraˈfjar / toˈmar fotoɣraˈfias]
fotografieren

divertirse
[diβerˈtirse]
sich amüsieren

comprar
[komˈprar]
kaufen

vender
[benˈdɛr]
verkaufen

trabajar
[traβaˈxar]
arbeiten

enseñar
[enseˈɲar]
lehren

aprender
[aprenˈder]
lernen

abrazar
[aβraˈθar]
umarmen

amar
[aˈmar]
lieben

besar
[beˈsar]
küssen

casarse
[kaˈsarse]
heiraten

Notfälle

Urgencias [urˈxenθïas]

¿Dónde está el lavabo?

[ˈdɔnde esˈta ɛl laˈβaβo]

Wo ist die Toilette?

Necesito ir al lavabo.

[neθeˈsito ir al laˈβaβo]

Ich muss zur Toilette gehen.

¿Hay un baño público por aquí?
[aĭ un ˈbaɲo ˈpuβliko pɔr aˈki]

Gibt es hier in der Nähe eine öffentliche Toilette?

¡Necesito ir al hospital en seguida!

[neθeˈsito ir al ɔspiˈtal en seˈɣiða]

Ich muss sofort ins Krankenhaus.

¡Llame a la policía, por favor!

[ˈʎame a la poliˈθia pɔr faˈβɔr]

Rufen Sie bitte die Polizei!

Was sagen uns die Schilder?

¿Qué nos dicen las señales? [ke nɔs ˈdiθen las seˈɲales]

¡PELIGRO!
[peˈliɣro]

GEFAHR

NO ENTRAR
[no enˈtrar]

KEIN DURCHGANG

¡ALTO! NO PASAR
[ˈalto no paˈsar]

GESPERRT

PELIGRO ELECTRICIDAD
[peˈliɣro elɛktriθiˈðað]

ACHTUNG! HOCHSPANNUNG

DESVÍO
[dezˈβio]

UMLEITUNG

SENTIDO ÚNICO
[senˈtiðo ˈuniko]

EINBAHNSTRAßE

AREA DE ESTACIONAMIENTO
[ˈarea de estaθionaˈmi̯ento]

PARKPLATZ

ENTRADA Y SALIDA
DE VEHÍCULOS
[enˈtraða y saˈliða de beˈikulos]

EINFAHRT UND AUSFAHRT
FREIHALTEN

PRIMEROS AUXILIOS
[priˈmeros au̯ɣˈsili̯os]

ERSTE HILFE

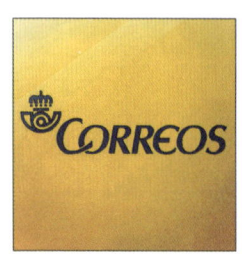

CORREOS
[kɔˈrrɛos]

ZONA ESCOLAR
[ˈθona eskoˈlar]

POST

ACHTUNG SCHULE

NO MOLESTAR
[no molesˈtar]

SOLO PERSONAL AUTORIZADO
[ˈsolo pɛrsoˈnal aŭtoriˈθaðo]

BITTE NICHT STÖREN

ZUTRITT NUR FÜR BEFUGTE

DAMAS
[ˈdɑmas]

CABALLEROS
[kaβaˈʎeros]

DAMEN

HERREN

ABIERTO
[aˈβi̯erto]

GEÖFFNET

CERRADO
[θɛˈrraðo]

GESCHLOSSEN

AUTOSERVICIO
[au̯tɔserˈβiθi̯o]

SELBSTBEDIENUNG

RESERVADO
[rrɛserˈβaðo]

RESERVIERT

NO INGERIR ALIMENTOS
EN ESTA AREA
[no iŋxeˈrir aliˈmentos en ˈesta ˈarea]

ESSEN UND TRINKEN
VERBOTEN

Gefühlsausbrüche

Nun kommen wir zu einem ganz besonderen Kapitel, dem Kapitel über Gefühlsausbrüche. Was hat dieses seltsame und ungewöhnliche Thema mit einem Buch zu tun, in dem es um den ersten Kontakt mit einer Fremdsprache geht?

Mit diesem Thema begebe ich mich mit dir auf eine Gratwanderung. Ich bin mir ziemlich sicher, dass du in keinem anderen Sprachbuch etwas darüber finden wirst. Das kann ich gut verstehen, denn es ist ein heikles Thema.

Aber ich finde es so wertvoll, so unentbehrlich für dich. Ich finde, du solltest dich mit Gefühlsausbrüchen gut auskennen, denn dieses Wissen wird dich in Spanien vor ungewollten Peinlichkeiten schützen.

Gefühlsausbrüche gibt es nicht nur in Spanien, sondern in allen Ländern der Welt. Jedes Kind wird von klein auf damit vertraut gemacht und verinnerlicht diese Form der Kommunikation. Aber... aber... es ist nicht einfach, damit umzugehen.

Zuerst möchte ich erklären, was ich mit dem Thema überhaupt verdeutlichen möchte, was ich mit dem Begriff „Gefühlsausbrüche" meine:

Gefühlsausbrüche sind Worte, die automatisch aus dem Mund heraussprudeln. Das passiert oft ohne, dass man darüber nachdenkt. Schwupps! Plötzlich sind sie da und man kann sie nicht mehr zurücknehmen.

Gefühlsausbrüche haben die Aufgabe, eine aufgewühlte Seele zur Ruhe zu bringen, wenn sie zuvor durch Zorn, Enttäuschung, Erschrecken, Verwunderung, Entzücken oder Ähnliches in Erregung geraten ist. Man könnte sie auch als seelische Turbulenzenberuhiger bezeichnen.

Gefühlsausbrüche treten in unterschiedlichen Graden und Intensitäten auf. Diese Grade hängen stark von der jeweiligen Bedeutung, von der Betonung oder der Situation ab, in welcher sie ausgesprochen werden. Leichte Gefühlsausbrüche kann man einfach im Selbstgespräch vor sich hinmurmeln, um sich ein wenig abzukühlen. Starke Gefühlsausbrüche sind oft schlimme, tief verletzende Beschimpfungen. Letztere nennt man auf Spanisch: „palabrotas".

Schimpfwörter sind keine Besonderheit des Spanischen. Schimpfwörter gibt es in jeder Sprache, und in jeder Sprache werden sie ähnlich unbewusst und häufig im Alltag verwendet. Die Menschen mit spanischen Wurzeln sind vielleicht nicht glücklich darüber, dass ich mich dem Thema der Gefühlsausbrüche widme. Ich habe jedoch keine bösen Absichten dabei. Ich mache das nicht, um die spanische Sprache zu beschmutzen, sondern um dich vor Fettnäpfchen im Umgang mit der Fremdsprache zu bewahren.

Ein vorsichtiger Umgang mit Gefühlsausbrüchen wird dir so manche Peinlichkeit ersparen. Das ist einer der Gründe, warum dieses Sprachbuch so besonders ist.

Fangen wir also an:

Das erste Wort, mit dem wir uns beschäftigen heißt: „¡Mierda!". Übersetzt beschreibt dieses Wort das organische Endprodukt des Verdauungsprozesses. Es gibt auch eine deutsche Entsprechung zu dem Wort, die ich aber der Höflichkeit halber nicht exakt übersetze. Jeder kennt die Verwendung des Wortes und in jedem Land gibt es Entsprechungen dafür.

Das zweite Wort der spanischen Gefühlsausbrüche, das ich hier erwähnen möchte, ist:: „¡Joder!".

Exakt übersetzt würde man damit die Tätigkeit des Beischlafs ausdrücken. Aber so häufig, wie es in der spanischen Sprache eingesetzt wird, ist damit natürlich nicht immer dieser Vulgärausdruck gemeint. Einsatz findet dieses Wort in ganz alltäglichen Situationen: wenn zum Beispiel deine Suppe überkocht: „Joder!", wenn sie im Fernsehen nicht gerade deine Lieblingssendung zeigen: „Joder!", wenn du morgens ganz früh raus musst: „Joder!".

Du siehst, es muss nichts Aufregendes passieren, um diesen Gefühlsausbruch in Spanien zum Einsatz zu bringen. Es drückt einfach jede Form von Erstaunen, Verwunderung oder Frustration aus. Sei als Ausländer trotzdem äußerst achtsam mit der Verwendung des Wortes!

Das nächste Gefühlsausbruchswort lautet „¡Gilipollas!" das sich auf eine Person bezieht, über die man sich geärgert hat und die man aufgrund dessen ausdrucksstark beschimpfen möchte. Die Interpretationen des Wortes sind vielschichtig. Man könnte es beispielsweise als Vergleich eines Menschen mit dem Schließmuskel am Ende des Verdauungstraktes einsetzen oder als Vergleich mit einem verunreinigten männlichen Geschlechtsteil. Pfui! Im alltäglichen Sprachgebrauch, gerade unter Freunden wird dem Wort aber eine andere Bedeutung zugeschrieben. Trotzdem, für dich als Sprachneuling: Achtung im Umgang mit diesem Wort!

Der spanische Satz: „¡Me cago en todo lo que se menea!" würde beispielsweise in höflich ausgedrückter deutscher Sprache bedeuten: „Ich hinterlasse meine Verdauungsspuren auf allem, das sich bewegt." Auch das meinen Spanischsprechende niemals wortwörtlich. Dieser Gefühlsausbruch entspringt spanischen Menschen beispielsweise in einer kniffeligen Verkehrssituation, bei der sie sich eindeutig im Recht fühlen.

Das nächste Wort ist in der deutschen Sprache ebenfalls bekannt und bedarf keiner längeren Ausführungen. Es lautet: „¡Idiota!". Natürlich ein Schimpfwort für jemanden, den man für dumm hält.

Dann kommen wir zum: „¡Cabrón! / ¡Cabrona!". Wortwörtlich übersetzt heißt das: männliches Schaf oder Schafsbock. Vor Augen hat man dabei einen Schafskopf mit mächtigen geschwungenen Hörnern, was symbolisch für Dummheit oder für Sturheit steht. Dieses Wort gehört zu den milderen Gefühlsausbruchwörtern und wird oft scherzhaft ohne ärgerliche Härte ausgesprochen. Es ist auch sehr beliebt bei Ehefrauen als Bezeichnung für den Ehemann.

Sehr gerne verwendet man weltweit die Vergleiche von Menschen und Tieren, um jemanden zu verletzen oder zu beschämen. So auch das spanische Wort: „¡Burro! / ¡Burra!", was „Esel" auf Deutsch heißt. Der Sprechende setzt dabei voraus, dass Esel generell dumm seien und dass der Beschimpfte deswegen diesem sympathischen Tier gleiche.

Damen, die einem horizontalen Gewerbe nachgehen, erfahren meist keine große Achtung von ihren Mitmenschen. Aus diesem Grund ist es leider so, dass dieser Berufszweig für die Welt der Gefühlsausbrüche mit Vorliebe genutzt wird. Möchte man im Spanischen ausdrücken, dass man der Meinung ist, dass jemand ein Sohn einer Prostituierten sei, drückt man dies mit dem Gefühlsausbruchwort: „¡Hijo/a de puta!" aus. Natürlich weiß man, dass dies nicht der Wirklchkeit entspricht, aber man möchte dem anderen richtig heftig weh tun und ihn verletzen.

„¡De puta madre!" So laut und kraftvoll manche Gefühlsausbrüche sind, so sehr muss man bei deren Erklärung um Ecken denken und oft tief in den Keller der Schimpfworte steigen. Wortwörtlich übersetzt meint dieses Gefühlsausbruchwort: „Von einer Hurenmutter!". Was auch immer damit konkret ausgedrückt sein will, gemeint ist damit etwas ganz anderes. Hierbei handelt es sich um einen jugendlichen Kraftausdruck der Verwunderung oder des Staunens, oft sogar in Verbindung mit überraschter Freude.

Es ist mir nicht leicht gefallen, dir dieses sensible und heikle Thema näherzubringen. Aber es ist mir ein Anliegen, dir die größtmögliche Sicherheit beim ersten Kontakt mit der spanischen Sprache zu geben.

Dazu gehören nun einmal auch die Ausführungen über die Gefühlsausbruchwörter. Das Thema ließe sich sicher noch ausdehnen. Aber es genügt, eine klare Vorstellung davon zu haben um nicht in ein Fettnäpfchen zu treten.

Denke immer daran, dass Gefühlsausbruchwörter unterschiedliche Stärken haben und Verschiedenes ausdrücken können. Du findest sie gleichermaßen in verschiedenen Gesellschaftsschichten.

Wenn du mit diesen Ausdrücken in Kontakt kommst, versuche feinfühlig zu erspüren, ob die sprechende Person verärgert, unzufrieden, wütend oder fröhlich und schelmisch wirkt. Und dann vermeide es möglichst, diese Worte, die du jetzt kennst, selbst auszusprechen.

Es könnte für dich sehr peinlich werden, oder sogar deine Gesundheit gefährden, und du könntest jemanden sehr, sehr verletzen, wenn du diese Ausdrücke nicht richtig benutzt.

Slang Slang Slang

Slang, wie immer man dazu steht, auch wenn man ihn kritisch als Sprachverfall sieht, ist eine aktuelle sprachliche Kommunikationsform und heute nicht mehr wegzudenken.

Ursprünglich wurde der Slang von Jugendlichen und von jungen Erwachsenen geprägt und war die „Sprache der Jugend". Nach und nach wurde er von allen Altersgruppen übernommen. Slang wurde „normal" und ist heute in allen Ländern auf der Welt anzutreffen.

Spielfilme sind hervorragende Repräsentanten aktueller Sprachformen. Auch hier haben Slangbegriffe Einzug gehalten und sind allgegenwärtig geworden.

Viele der Slangausdrücke sind Formen der Begrüßung oder der Verabschiedung. Alle sind Kurzformen, die verschiedene Aussagen zusammenfassen oder abkürzen.

Beginnen wir mit den spanischen Slangbegriffen:

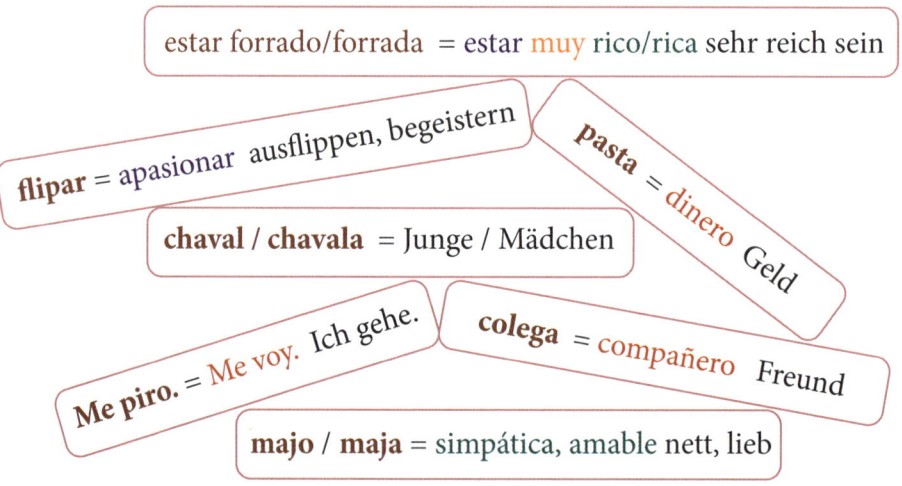

estar forrado/forrada = estar muy rico/rica sehr reich sein

flipar = apasionar ausflippen, begeistern

pasta = dinero Geld

chaval / chavala = Junge / Mädchen

Me piro. = Me voy. Ich gehe.

colega = compañero Freund

majo / maja = simpática, amable nett, lieb

> **ligar** = flirten / **ligón** = Anmacher

José **está ligando** con tu hermana.
José **flirtet** mit deiner Schwester.

Ten cuidado, es un **ligón**.
Sei vorsichtig, er ist ein **Anmacher**.

> **tío** (Onkel) / **tía** (Tante) = Bro, Kumpel, Alte/Alter

Wörtlich übersetzt bedeutet **tío** „Onkel" und **tía** „Tante", aber im Slang bedeuten sie Bro, Kumpel oder Alte/Alter.

Tío, me encanta tu chaqueta.
Bro, deine Jacke gefällt mir sehr.

Tía, me encanta tu vestido.
Mädel, dein Kleid gefällt mir sehr.

> **estar chupado** = sehr einfach

El chino **está chupado**.
El chino es muy fácil.
Chinesisch ist **sehr einfach**.

> **estar pedo** / estar borracho = betrunken sein, besoffen sein

Juan **está** muy **pedo**.
Jaun está muy borracho.
Jaun **ist** sehr **betrunken**.

Tía, **estoy pedo**, no puedo conducir.
Tía, estoy borracho, no puedo conducir.
Leute, ich **bin betrunken**, ich kann nicht fahren.

> **chulo** / **chula** = hübsch, schön

¡Qué ropa más chula!
¡Qué ropa más hermosa!
Was für **coole** Klamotten!

> **molar, mola** = mögen / cool, genial

Me **mola** tu estilo.
Me gusta tu estilo.
Ich **mag** deinen Stil.

¡Eres **mola** mucho!
¡Eres realmente genial!
Du bist echt **cool**!

> **hostia / ostras** = Hostie, Oblate

¡**Hostia /Ostras**, qué susto!
¡Santo cielo, qué susto!
Heilige Scheiße, was für ein Schrecken!

> **guay** = genial toll, cool

¡Qué **guay**!
¡Qué genial!
Wie **cool**!

La fiesta estuvo muy **guay**.
La fiesta estuvo muy genial.
Die Party war **toll**.

> **currar** = arbeiten / el **curro** = die Arbeit.

Curro aquí casi todos los días.
Trabajo aquí casi todos los días.
Ich **arbeite** hier fast jeden Tag.

Me gusta mi **curro**.
Me gusta mi trabajo.
Ich mag meine **Arbeit**.

¡Bravo!
[ˈbraβo]
Bravo!

¡Genial!
[xeˈnǐal]
Genial!

¡Estupendo!
[estuˈpendo]
Hervorragend!

¡Excelente!
[esθeˈlente]
Ausgezeichnet!

Komplimente

Los cumplidos [lɔs kumˈpliðos]

¡Espléndido!
[esˈplendiðo]
Herrlich!

¡Maravilloso!
[maraβiˈʎoso]
Wunderbar!

Romantisches

Romántico [rrɔˈmantiko]

Eres muy guapo/a.
[ˈeres mŭi gŭapo/a]
Du bist sehr hübsch.

Tienes unos ojos bonitos.
[ˈtĭenes ˈunos ˈɔxos boˈnitos]
Du hast schöne Augen.

Eres extraordinario/a.
[ˈeres estraɔrðiˈnarĭo/a]
Du bist außergewöhnlich.

Me gustas mucho.
[me ˈgustas ˈmutʃo]
Ich mag dich sehr.

Te quiero mucho.
[te ˈkĭero ˈmutʃo]
Ich liebe dich sehr.

Eres única.
['eres'uniko/a]
Du bist einmalig.

Te amo con locura.
[te 'amo kɔn lo'kura]
Ich liebe dich wahnsinnig.

Te amo.
[te 'amo]
Ich liebe dich.

¿Quieres casarte conmigo?
['kĭeres ka'sarte kɔn'miɣo]
Willst du mich heiraten?

Land und Leute
El país y su gente
[ɛl paˈis i su ˈxente]

Wenn du etwas über die Form und Gestalt des Landes Spanien erfahren möchtest, ist es am einfachsten, einen Blick auf die Landkarte zu werfen. Willst du etwas über die Menschen erfahren, wie sie denken, wie sie ihr Leben leben, dann ist der direkteste Weg, ein paar Sprichwörter des Landes kennenzulernen. Sie verraten, wie die Menschen des Landes „ticken".

Sprichwörter sind meist im Laufe von Jahrhunderten aus den Erfahrungen, aus den Denk- und Lebensweisen der Menschen vor Ort entstanden. Über die Sprache wurden sie von Alt zu Jung weitergegeben und mit ihnen auch das Gefühl und die Stimmung, die sie tragen. Hier einige wertvolle spanische Sprichwörter:

A la cama no te irás, sin saber una cosa más.
[a la ˈkama no te iˈras sin saˈβer ˈuna ˈkosa mas]
Man lernt nie aus.

A más doctores, más dolores.
[a mas dɔkˈtɔres mas doˈlɔres]
Je mehr Ärzte, desto mehr Schmerzen.

Amor con hambre no dura.
[aˈmɔr kɔn ˈambre no ˈdura]
Hungrige Liebe hält nicht.

Mañana otro gallo cantará.
[maˈɲana ˈotro ˈgaʎo kantaˈra]
Morgen ist ein neuer Tag.

Quien no se arriesga, no gana.
[ki̯en no se aˈrri̯ezɣa no ˈgana]
Wer nicht wagt, der nicht gewinnt.

Jetzt bist du bestens gerüstet für deinen ersten Kontakt mit der spanischen Sprache. Es bleibt mir nur noch, dir viel Freude und wunderbare Erfahrungen zu wünschen.

Genieße die spanische Sprache wie eine Köstlichkeit, die du dir auf der Zunge zergehen lässt. Dann wird sich das, was dir am Anfang vielleicht Angst gemacht hat, in pure Freude verwandeln.

PONS SPANISCH
im Handumdrehen

von
Tien Tammada

Originaltitel: สเปนทันใจพูดได้ด้วยปลายนิ้ว เทียร ธรรมดา
© Leelaaphasa.Co.,Ltd.
232 Moo. 3 Tambon Yangneung, Sarapee District,
Chiangmai 50140 Thailand
E-Mail: leelaaphasa2008@gmail.com
Alle Rechte vorbehalten.

Warenzeichen, Marken und gewerbliche Schutzrechte
Wörter, die unseres Wissens eingetragene Warenzeichen oder Marken oder sonstige gewerbliche Schutzrechte darstellen, sind als solche – soweit bekannt – gekennzeichnet. Die jeweiligen Berechtigten sind und bleiben Eigentümer dieser Rechte. Es ist jedoch zu beachten, dass weder das Vorhandensein noch das Fehlen derartiger Kennzeichnungen die Rechtslage hinsichtlich dieser gewerblichen Schutzrechte berührt.

1. Auflage 2024 (1,02 - 2025)
© PONS Langenscheidt GmbH, Stöckachstraße 11, 70190 Stuttgart 2024

www.pons.de

Übersetzung: Ta Tammadien
Co-Übersetzung & deutsche Überarbeitung: Hubert Möller
Korrektur: Vicente García, Almudena García Hernández, Klangjai Patanant
Illustrationen Cover: K. Kiattisak
Illustrationen Innenteil: K. Kiattisak, Purmpoon Kamnuanta
Bildnachweis Cover: Shutterstock/TatianaKost49
Satz/Layout: Wachana Leuwattananon, Mienton Pantana
Logoentwurf: Erwin Poell, Heidelberg
Logoüberarbeitung: Sabine Redlin, Ludwigsburg
Druck und Bindung: Publikum d.o.o

ISBN 978-3-12-516395-9